हमारे त्योहार

हमारे त्यौहार

(भारत सरकार द्वारा पुरस्कृत)

धर्मपाल शास्त्री

राजपाल

स्थापित 1912
100 वर्षों की
श्रेष्ठ प्रकाशन परम्परा
राजपाल

₹ 90

ISBN : 9789380717036

HAMARE TYOHAR by Dharampal Shastri
मुद्रक : जी. एस. ऑफसेट, दिल्ली

राजपाल एण्ड सन्ज़

1590, मदरसा रोड, कश्मीरी गेट, दिल्ली-110006
फोन : 011-23869812, 23865483, 23867791
website : www.rajpalpublishing.com
e-mail : sales@rajpalpublishing.com
www.facebook.com/rajpalandsons

क्रम

हमारे त्योहार

कहते हैं, छह दिनों तक दुनिया रचकर सातवें दिन भगवान ने भी आराम किया था। फिर, हम तो हाड़-मांस के पुतले हैं। थकते भी हैं, ऊँघते भी हैं और उदास भी होते हैं। भला तेली के बैल की तरह दिन-रात कौन काम-धन्धे में जुता रह सकता है? कभी आराम करने को भी जी चाहता है। कभी खुलकर हँसने-खेलने को भी मन करता है। उस दिन कोई हमसे पूछने वाला न हो कि आज काम क्यों नहीं किया। उल्टा, उस दिन सब पूछें कि आज तो त्योहार का दिन है, आज भी काम में क्यों जुटे हुए हो? आओ, मिलकर खुशियाँ मनाएँ! ऐसे दिन रोज़-रोज़ थोड़े ही आते हैं!

सचमुच, हमारे बाप-दादा कितने सयाने थे! वे जानते थे कि हमारे लायक बेटे एक दिन भी अपने काम का हर्जा करने को तैयार न होंगे। इसलिए उन्होंने किसी न किसी बहाने से कुछ ऐसे दिन नियत कर दिए, जिन दिनों घर-घर और गाँव-गाँव में छुट्टी मनाई जाए। सब काम-काज बन्द रहें। उस दिन केवल एक ही काम किया जाए—नाचना-कूदना,

हँसना-हँसाना, खाना-खिलाना, मिलना-मिलाना, सैर-सपाटे करना और जो जी में आए वही करना।

कहीं हमारे बेटे इन दिनों को समय गंवाना न समझने लगे, यह सोचकर पुरखों ने उनके साथ धर्म-कर्म का नाता या किसी महापुरुष का सम्बन्ध जोड़ दिया है और उनका नाम त्योहार रख दिया। जैसे, जिस दिन राम का जन्म हुआ, उस दिन का नाम रामनवमी रख दिया। जिस दिन राम ने रावण पर विजय पाई, उस दिन का नाम दशहरा रख दिया और जिस दिन राम अयोध्या लौटे, उस दिन का नाम दीपावली रख दिया। इस तरह सब त्योहार हँसी-खुशी के दिन होने के साथ-साथ पवित्र दिन भी माने गए। त्योहारों की छुट्टी मनाना उतना ही ज़रूरी हो गया जितना कि काम-धन्धा करना।

इसी तरह जब किसान फसलें बोते-बोते थक गए तो बुआई खत्म होने के बहाने ही एक त्योहार रख दिया। फिर जब फसलों में फूल निकल आए तो इसी खुशी में दूसरा त्योहार रख दिया। अन्त में जब फसलें कटकर अनाज घरों में आ गए तो इस आनन्द में तीसरा त्योहार रख दिया। मतलब यह कि हमारे पुरखों ने साल में दस-बारह छुट्टियाँ मनाने का कोई न कोई कारण ढूँढ़ ही निकाला। इन छुट्टियों से हमारे तन की थकान दूर होती है, हमारे मन की उदासी

जाती रहती है और हम ताज़ादम होकर अपने कामों में जुट जाते हैं।

नए साल का त्योहार

बैसाखी

अप्रैल की तेरह तारीख को बैसाखी होती है। इस दिन हमारा नया साल शुरू होता है।

हम सुख में हों या दुख में, बैसाखी हर साल आती है। जब हम गुलाम थे तब भी बैसाखी आती थी। जब हम आज़ाद हुए तब भी बैसाखी आती है। हम उसका सन्देश सुनें या न सुनें, बैसाखी हर साल आती है, अब भी आया करती है और सदा आती रहेगी। वह आएगी और चली जाएगी। वह पुरानी होकर भी नई है।

जैसे वही का वही सूरज हर रोज़ निकलता है। फिर भी वह हर रोज़ नया होता है। चिड़ियाँ यह कहकर उदास नहीं होतीं कि यह कल का सूरज ही फिर आ गया है। वह हर रोज़ नए दिन का सन्देश लेकर आता है। हर रोज़ नई आशाएँ लेकर आता है और हर रोज़ नया जीवन देकर जाता है। उसी तरह बैसाखी भी हज़ारों बरसों से चली आ

रही है। वह हर साल आती है। वह कभी पुरानी नहीं होती क्योंकि वह नए साल का सन्देश लेकर आती है : बीती ताहि बिसार दे आगे की सुधि लेय।

हमारे देश में पुराने समय से महीने चाँद के हिसाब से गिने जाते हैं। बरस सूरज के हिसाब से गिने जाते हैं। सूरज के हिसाब से बरस का आरम्भ पहली बैसाखी को पड़ता है।

उस दिन रात के बारह बजे पुराना बरस विदा हो जाता है। सुबह नया एक बजता है। सुबह नई एक तारीख आती है। नया सूरज उगता है। नया इन्सान जागता है। नया जीवन आरम्भ होता है।

नए साल की खुशी में नदियों पर मेले लगते हैं। गंगा और यमुना में स्नान करके लोग शरीर के दुःख-सन्ताप उन्हीं में बहा देते हैं। मन के पापों को तीर्थों पर भुला देते हैं। वहाँ से नई उमंगें लेकर आते हैं। उस दिन लोग नए नए कपड़े पहनते हैं।

मेले से बालक नए खिलौने और नई मिठाइयाँ लेकर लौटते हैं। कोई भी खाली हाथ नहीं लौटता। घर-घर में बधाइयाँ बँटती हैं। घर-घर में मंगलगीत गाए जाते हैं। बरस का पहला दिन शुभ होगा तो सारा बरस शुभ बीतेगा–यह सोचकर हर एक हिन्दुस्तानी बैसाखी को पूरी सजधज से

मनाता है। भगवान करे ऐसी बैसाखी हमेशा जीवन में आती रहे! हर-हर साल हम नए सिरे से नया जीवन शुरू करते रहें।

वृक्षों के त्योहार

वन-महोत्सव

जुलाई के महीने में वन-महोत्सव आता है। वन-महोत्सव एक कौमी त्योहार है। यह 1 जुलाई से 7 जुलाई तक मनाया जाता है।

वन-महोत्सव के दिन पटाखे नहीं चलाए जाते। इस दिन झूले नहीं झूले जाते। इस दिन पेड़-पौधे बोए जाते हैं।

पेड़ लगाने को हमारे पुरखे पुण्य मानते थे। पेड़ और बेटे में वे कोई भेद न समझते थे। बेटा बड़ा होकर केवल माँ-बाप को सुख देता है। पेड़ बड़ा होकर दुनिया-भर को सुख देता है। बेटा बड़ा होकर दो हाथों की कमाई केवल अपने माँ-बाप को खिलाता है। पेड़ बड़ा होकर हज़ारों हाथों से दुनिया-भर के लिए फल लुटाता है। बेटे की छाया में केवल माँ-बाप सहारा पाते हैं। पेड़ की छाया में हज़ारों मुसाफिर आराम पाते हैं। हमारे पुरखों ने पेड़ लगाए थे। हम उन पेड़ों के फल खा रहे हैं। अब हम जो पेड़ लगाएँगे,

हमारी सन्तान उनके फल खाएगी। हम न रहेंगे तो पेड़ों के रूप में हमारी याद बनी रहेंगी। जब तक पेड़ फलते रहेंगे तब तक हमारे पुण्य फलते रहेंगे। इसलिए हम सिर्फ एक पेड़ क्यों लगाएँ? हम भरपूर पेड़ लगाएँ हैं। हम एक दिन पेड़ क्यों लगाएँ? हम हर साल पेड़ लगाते हैं। हर साल जुलाई के महीने में हम वन-महोत्सव मनाते हैं।

एक पेड़ सूख सकता है। इसलिए हम पेड़ों का वन लगाते हैं। एक पेड़ एक ही जगह खड़ा रहता है। इसलिए हम जगह-जगह पेड़ लगाते हैं। एक आदमी कुछ ही पेड़ लगा सकता है। इसलिए हममें से हरएक पेड़ लगाता है। एक-एक पेड़ लगाने से भी सत्तर करोड़ पेड़ लग जाते हैं। एक-एक पेड़ करके एक वन बन जाता है। इस तरह वन-महोत्सव मनाया जाता है।

बिना बेटे के मनुष्य का घर सूना रहता है। बिना पेड़ के मनुष्य की बस्ती सूनी रहती है। बिना बेटे के मनुष्य का कुल उजड़ जाता है। बिना पेड़ों के मनुष्य की बस्ती उजड़ जाती है। सयाने कहते हैं कि जब ज़ोर की बाढ़ आती है तो पेड़ों की जड़ें धरती को काटने से बचाती हैं। जब रेत की आंधियाँ चलती हैं तो पेड़ों की टहनियाँ धरती को रेगिस्तान होने से बचाती हैं। जब धरती प्यासी होती है तो पेड़ों की हरियाली बरसात को बुलाती है। पेड़ हमें ईंधन

देते हैं। पेड़ हमें कोयला देते हैं। सचमुच पेड़ हमारा बड़ा उपकार करते हैं। इसलिए हमारे पुरखे पेड़ों को देवता मानते थे। इसीलिए हमारे पिता पेड़ों की पूजा करते थे। इसीलिए हमारे महापुरुषों ने पेड़ लगाने को बड़ा पुण्य बताया है। इसीलिए पेड़ लगाने के लिए वन-महोत्सव मनाया जाता है।

चलो, वन-महोत्सव के दिन हम प्रतिज्ञा करें कि लोगों ने भूल से जो वन काट डाले हैं, हम उनसे भी सुन्दर वन बनाएंगे। जो धरती बंजर पड़ी है वहाँ कीकर लगाकर हम उसे भी उपजाऊ बनाएंगे। जहाँ रेगिस्तान बढ़ा चला आता है, वहाँ पेड़ लगाकर हम रेगिस्तान को बढ़ने से रोकेंगे।

हम मैदानों में पेड़ लगाएँगे। हम खाली और बंजर ज़मीन में पेड़ लगाएंगे। हम ढालदार भूमि में पेड़ लगाएंगे, जहाँ भूमि कटने का डर है। हम तालाबों के किनारे, सड़कों के किनारे और नहरों के किनारे पेड़ लगाएंगे।

बस्ती में पेड़ लगाएंगे, जहाँ लोग रहते हैं। मन्दिरों में पेड़ लगाएंगे, जहाँ हम पूजा करने जाते हैं। पंचायत-घरों में पेड़ लगाएंगे, जहाँ हम सब मिलकर बैठते हैं। शहर, गाँव, स्कूल, अस्पताल, खेत, आँगन सब जगह हम पेड़ लगाएंगे।

पेड़ लगाकर हम अपने बेटे की तरह उनका पालन भी करेंगे।

बहनों का त्योहार

राखी

एक बार राजा इन्द्र की राक्षसों से लड़ाई छिड़ गई। लड़ाई कई दिनों तक होती रही। न राक्षस हारने में आते थे, न इन्द्र जीतते दिखाई देते थे। इन्द्र बड़े सोच में पड़े। वे अपने गुरु बृहस्पति के पास आकर बोले–गुरुदेव! इन राक्षसों से मैं न जीत सकता हूँ, न हार सकता हूँ। न मैं इनके सामने ठहर सकता हूँ, न भाग सकता हूँ। इसीलिए मैं अन्तिम बार आपसे आशीष लेने आया हूँ। अगर अब की बार भी मैं उन्हें जीत न सका तो युद्ध में लड़ते-लड़ते वहीं प्राण दे दूँगा।

उस समय इन्द्राणी भी पास ही बैठी थी। इन्द्र को घबराया हुआ देखकर वह बोली–पतिदेव! मैं एक ऐसा उपाय करती हूँ, जिससे आप इस बार अवश्य लड़ाई में जीतकर आएंगे।

इसके बाद इन्द्राणी ने गायत्री मन्त्र पढ़कर इन्द्र के दाएँ हाथ में एक डोरा बाँध दिया और कहा–पतिदेव! यह रक्षा का बन्धन मैं आपके हाथ में बाँधती हूँ। इस रक्षा-बन्धन को पहनकर आप एक बार फिर युद्ध में जाएँ। इस बार

अवश्य ही आपकी विजय होगी। इन्द्र अपनी पत्नी की बात गाँठ बांधकर और रक्षा-बन्धन को हाथ में बंधवाकर चल पड़े। इस बार लड़ाई के मैदान में इन्द्र को ऐसा लगा जैसे वह अकेले नहीं लड़ रहे—इन्द्राणी भी कदम से कदम मिलाकर उसके साथ लड़ रही है। उन्हें ऐसा लगा कि रक्षा-बन्धन का एक-एक तार ढाल बन गया है और शत्रुओं से उनकी रक्षा कर रहा है। इन्द्र दुगुने जोश से लड़ने लगे। इस बार सचमुच इन्द्र की विजय हुई।

तब से लेकर रक्षा-बन्धन या राखी का त्योहार चल पड़ा। यह त्योहार सावन की पूर्णिमा को मनाया जाता है। इसलिए इसे सावनी या सलूनों भी कहते हैं।

राखी का सच्चा मतलब तो गुरुओं और ऋषि-मुनियों ने समझा। सावन का महीना ऋषि-मुनि लोग गाँवों और नगरों में बिताते थे। वे गाँव-गाँव में घूमते और नगर-नगर में लोगों को उपदेश देते थे। सावनी या सलूनों के दिन वे हर एक गाँव में एक बड़ा यज्ञ रचाते। गाँव-गाँव और नगर-नगर के लोग गुरुमंत्र लेने के लिए उस यज्ञ में आते थे। ऋषि लोग उन्हें सच्चाई का उपदेश देते थे। भक्त लोग सच्चाई पर जमे रहने के वायदे करते थे। जिस तरह किसी बात को याद रखने के लिए आज भी कपड़े को गाँठ लगा दी जाती है, उसी तरह वायदा याद रखने के लिए ऋषि

लोग भक्तों के दाएँ हाथ में राखी की गाँठ और गले में जनेऊ की गाँठ बांध देते थे। इस गाँठ को बाँध कर भक्तों को ऐसा लगता था, मानो दुनियादारी के मैदान में वे अकेले ही पापों से नहीं जूझ रहे। उनके कदम से कदम मिलाकर उनके गुरु लोग भी उनके साथ-साथ लड़ रहे हैं। वे जनेऊ या राखी की गाँठ की ओर इशारा करके कह रहे हैं–खबरदार! कहीं अपना वायदा न भूल जाना। तुमने सच्चाई पर जमे रहने का वायदा किया है। कहीं सच्चाई की राह से भटक न जाना!

इसीलिए आजकल भी सलूनों के दिन पुरोहित लोग अपने यजमानों को राखी बाँधते हैं और पुराने जनेऊ के बदले नया जनेऊ पहनाते हैं।

धीरे-धीरे राजपूतों ने भी राखी मनाना आरम्भ कर दिया, लेकिन राजपूती ढंग से। उनमें यह रिवाज हो गया कि यदि किसी औरत पर कोई मुसीबत आती थी तो वह किसी वीर पुरुष को अपना भाई कहकर उसे राखी भेज दिया करती थी। राखी का मतलब होता था, बहिन की रक्षा का सारा भार उठाना। चाहे कितना भी बलिदान क्यों न देना पड़े, वह वीर पुरुष अपनी मुँह-बोली बहिन की हरदम रक्षा करने को चल पड़ता था। कहते हैं कि एक बार रानी कर्णवती ने बादशाह हुमायूँ को इसी मकसद से राखी भेजी थी। वह

मुसलमान था, फिर भी राखी का न्योता पाकर वह अपनी मुँहबोली बहिन की रक्षा करने के लिए तुरन्त चल पड़ा था। तब से बहिनें भी अपने भाइयों के हाथों में राखी बाँधने लगी हैं।

आजकल राखी के दिन सुन्दर-सुन्दर राखियाँ बनाई जाती हैं। घरों में मीठे भोजन और पकवान बनाए जाते हैं। बहिनें भाइयों को राखी बांधती हैं। पुरोहित यजमान के हाथ में कंगना बांधता है।

राखी के इन सुनहरे डोरों के साथ जो गहरी बातें जुड़ी हुई हैं उन्हें हम भूलते जाते हैं। स्वर्ग में बैठे हमारे पुरखे हमारे इस भोलेपन पर हँसते होंगे। सलूनी के दिन हम सच्चाई पर डटे रहने का वायदा करना तो भूल गए हैं, केवल झूठे रेशम के तार पहनना हमें याद रह गया है।

कृष्ण-जन्म का त्योहार

जन्माष्टमी

भारत में बस दो ही राजा हुए हैं–एक राजा राम और दूसरे श्रीकृष्ण। आज तक इन दोनों का ही राज हम पर चला आता है। आज भी हम राजा राम की जय पुकारते हैं। आज भी हम श्रीकृष्ण की जय बुलाते हैं।

गीता

हमें ऐसा लगता है कि पल-भर के लिए भी श्रीकृष्ण हमसे अलग नहीं हुए। अब भी भादों का महीना आता है तो हमें कंस का जेलखाना याद हो आता है। अंधियारी रात थी। मूसलाधार पानी बरस रहा था। बरसात की ठंडी हवाओं ने थपकी देकर जेल के पहरेदारी को नींद की गोद में सुला दिया था। तभी वसुदेव दबे पाँव जेल से निकले। उनकी गोद में श्रीकृष्ण थे। वह जीवन की सारी पूंजी की तरह उन्हें छाती से चिपकाए थे। बालक श्रीकृष्ण को लेकर वह जमुना के पार उतरे। बालक को नन्द के हाथों सौंपकर उनकी कन्या को लिए वसुदेव वापस जेल पहुँचे। इस तरह श्रीकृष्ण कंस के हाथों से बच निकले।

वह भादों का महीना था। अष्टमी की रात थी। उस रात को श्रीकृष्ण का जन्म हुआ था। इसकी याद में हर साल कृष्ण-जन्माष्टमी मनाई जाती है।

कृष्ण-जन्माष्टमी के दिन गाँव-गाँव में कृष्ण-लीलाएँ दिखाई जाती हैं। एक बड़ा जुलूस निकाला जाता है। जुलूस के आगे-आगे बाजा, बाजे के पीछे-पीछे झंडे, झंडों के पीछे-पीछे गानेवाले, गानेवालों के पीछे-पीछे बैलगाड़ियाँ और बैलगाड़ियों पर कृष्ण के जीवन की झाँकियाँ होती हैं।

झाँकियों में कहीं श्रीकृष्ण और यशोदा दिखाए जाते हैं, कहीं श्रीकृष्ण और बलराम। कहीं कृष्ण और सुदामा,

कहीं गौएं चराते हुए गोपाल। कहीं माखन खाते हुए मनमोहन। कहीं अर्जुन का रथ हाँकते हुए मुरारी। कहीं गीता का उपदेश देते हुए घनश्याम।

जुलूस के बाद सारे गाँव की ओर से एक बड़ा हवन किया जाता है। हवन के बाद गीता का उपदेश सुनाया जाता है। गीता के उपदेश के बाद श्रीकृष्ण के गुणों को याद किया जाता है। उनके गुणों की मोटी-मोटी बातें ये हैं :

श्रीकृष्ण ने अपना जीवन चैन की बांसुरी बजाते हुए नहीं बिता दिया। उन्होंने कसरतें कीं। नटखट खेल खेले। गौएं चराईं। कुश्तियाँ लड़ीं। गुरु की सेवा की। सुदामा को गले लगाया और पापियों को मार मिटाया। उस समय भारत में धुआँधार लड़ाई छिड़ी हुई थी। श्रीकृष्ण बेजोड़ शूरवीर थे। फिर भी उन्होंने हाथ में हथियार नहीं उठाया। वह लड़ाई के मैदान में घूमते हुए भी लड़ाई से अलग रहे। श्रीकृष्ण के सामने छोटे-बड़े, अमीर-गरीब बराबर थे।

श्रीकृष्ण का चाल-चलन इतना ऊँचा है कि जिसके पास जितनी ताकत है वह उतना ही उनसे सीख सकता है। इस पर्व पर श्रीकृष्ण से हम क्या माँगें?

श्रीकृष्ण तो गुणों के भंडार हैं। आओ, उनके जन्म-दिन पर हम उनसे यह वर माँगें :

"हे गरीब-नवाज़! तुमने अर्जुन के दिल से माया-मोह

को मिटाया था। हमारे दिल से भी नादानी को दूर करो। हे दीनानाथ! तुमने अर्जुन को सच्चा रूप निखाया था। हमारे मन में भी तुम आकर बसो।"

आज़ादी का त्योहार

स्वतन्त्रता दिवस

भाइयो! अब हम आज़ाद हैं। हमारा देश आज़ाद है। हमारा सिर दुनिया में ऊँचा है। मगर आज से तिरसठ साल पहले यह बात न थी। तब हम गर्व से सिर ऊँचा उठाकर दुनिया में न चल सकते थे। तब हम पर राज करने वाले हमारे अपने लोग न थे। तब हम पर राज करने वाले विदेशी (अंग्रेज़) थे। अंग्रेज़ सात समुद्र पार से हम पर राज करने आए थे। डेढ़ सौ बरसों तक वे हम पर राज करते रहे।

अंग्रेज़ों के राज में हम आज़ादी के लिए तरसते थे। हम आज़ाद होना चाहते थे। हम अपने देश को आज़ाद कराना चाहते थे। हम अपना सिर ऊँचा उठाकर चलना चाहते थे। लेकिन विदेशी राजा हमारे सिर को कुचल देते थे। 'भारतमाता की जय' पुकारना एक बड़ा अपराध था। आज़ादी की पुकार करने वालों को जेलों में ठूंस दिया जाता था। अपना हक माँगने वालों को मौत की सज़ा दे दी जाती थी।

फिर भी हम घबराए नहीं। हमने हिम्मत न हारी। हमने अंग्रेज़ों से लड़ने की ठानी। अंग्रेज़ों के पास तोपें थीं, हमारे पास तप था; अंग्रेज़ों के पास संगीनें थीं, हमारे पास सच था। अंग्रेज़ों के पास सेना थी, हमारे पास शान्ति थी। हमने एक भी हथियार नहीं उठाया। एक बूँद भी लहू नहीं बहाया। हमने खूँखार विदेशियों से शान्ति की लड़ाई लड़ी। आखिर हमारी विजय हुई। सच की जीत हुई। भारतमाता की जय हुई। हम सबने ऊँची आवाज़ से पुकारा–भारतमाता की जय!

15 अगस्त, 1947 का दिन था। सचमुच वह बहुत बड़ा दिन था। उस दिन हमारे बंधन कटे थे। उस दिन हम आज़ाद हुए थे। हज़ारों बरसों की अधीनता के बाद हमें उस दिन अपना राज मिला था। अगर उस दिन भी हम खुश न होते तो और कब होते!

15 अगस्त, 1947 के दिन हमारे प्रधानमंत्री ने दिल्ली के लालकिले पर तिरंगा झंडा फहराया था। डेढ़ सौ वर्ष के बाद हमारा झंडा पहली बार अपनी शान से लहराया था। डेढ़ सौ साल के बाद हमने सिर ऊँचा उठाकर कहा था–हम आज़ाद हैं। उस दिन से हम आज़ाद देश के आज़ाद नागरिक हैं। उस दिन से हम पन्द्रह अगस्त का दिन हर साल मनाते हैं।

पन्द्रह अगस्त के दिन देश-भर में छुट्टी मनाई जाती है।

उस दिन देश-भर में आज़ादी का दिन मनाया जाता है। उस दिन देश-भर में तिरंगे झंडे लहराए जाते हैं। उस दिन उन वीरों को याद किया जाता है जो आज़ादी की लड़ाई में काम आए थे।

पन्द्रह अगस्त के दिन हमारे प्रधानमंत्री लालकिले पर तिरंगा झण्डा लहराते हैं। पन्द्रह अगस्त के दिन हमारे प्रधानमंत्री हमें आज़ादी का सन्देश देते हैं; आज़ाद भारत के आज़ाद भारतीयों को पुकारकर कहते हैं :

'देशवासियो! देश की आज़ादी पाकर हमने एक काम तो कर लिया; अब आगे का काम और करना है। हमने आज़ादी तो पा ली, लेकिन अगर हम अपनी आज़ादी को संभाल न सके तो वह हमारे पास टिक न सकेगी। कोई दूसरा आकर हमारा मालिक बन जाएगा। आओ, आज पन्द्रह अगस्त के दिन हम प्रतिज्ञा करें कि हम आज़ादी पर हरगिज आँच न आने देंगे।'

अब हमसें से हरएक राजा है। हरएक देश का नेता है। आओ, आज पन्द्रह अगस्त के दिन हम एक अरब आवाज़ें मिलकर एक साथ कह उठें :

''चलो, दहाड़ मारकर बढ़े चलो, काटकर बढ़ें!
चलो, स्वदेश के लिए बढ़ें, न बढ़ सकें तो कट मरें!!''

दशहरा

दशहरा देखने में एक त्योहार दिखाई देता है। लेकिन इस एक दशहरे में कई दशहरे मिले हुए हैं। जैसे गाँव की नदी के किनारे पहले साल रेत की एक तह जमती है। दूसरे साल उस पर एक और तह जम जाती है। तीसरे साल तीसरी और चौथे साल चौथी। इस तरह तहों पर तहें जमती जाती हैं। जिस तरह कुछ बरसों के बाद उनकी जगह एक ऊँचा टीला दिखाई देने लगता है, उसी तरह एक दशहरे में भी अनेकों दशहरों की कहानियाँ छिपी हुई हैं। ये सब कहानियाँ बहादुरी और विजय की हैं। विजय का मतलब है जीत। इसलिए दशहरे का दूसरा नाम विजयदशमी भी है। यह असौज के महीने के दसवें दिन मनाया जाता है।

कहते हैं, एक बार राज रधु ने सारी दुनिया को जीतकर जगत्‌जित नाम का एक यज्ञ रचा। उसने सारी धरती को जीतकर उसे दान में दे दिया। ताँबे का एक पैसा भी अपने पास न रखा। जब वह सब कुछ दान में दे चुका तो किसी ऋषि का चेला रघु के दरबार में पहुँचा। चेले ने अपनी पढ़ाई खत्म कर ली थी। वह गुरु-दक्षिणा के रूप में अपने गुरु

को चौदह करोड़ रुपए भेंट करना चाहता था। किन्तु रघु के पास तो फूटी कौड़ी भी न बची थी। घर आए ऋषिकुमार को वह खाली हाथ लौटाना भी न चाहता था। इसलिए राजा रघु ने स्वर्ग पर चढ़ाई कर दी। रघु की विजय हुई। उसने विजय का सारा धन लाकर ऋषि कुमार के आगे रख दिया।

ऋषि कुमार बोला : "राजन्! इतना धन लेकर मैं क्या करूँगा! मुझे तो गुरु-दक्षिणा के लिए केवल चौदह करोड़ रुपए ही चाहिए। इससे अधिक एक कौड़ी भी मैं ग्रहण नहीं कर सकता।"

रघु ने कहा : "लेकिन मैं तो यह सारा धन आपको देने का संकल्प कर चुका हूँ। दान में दिए हुए धन में से एक कौड़ी भी मैं अपने पास नहीं रख सकता।"

ऋषि कुमार चौदह करोड़ रुपए लेकर चला गया। रघु ने बचे हुए रुपए लेकर नगर से बाहर एक मैदान में पहुँचकर एक पेड़ से ये सब रुपए गरीबों और अपाहिजों में लुटा दिए।

राजा रघु की स्वर्ग पर विजय असौज की दशमी के दिन हुई थी। उसी की याद में विजय दशमी का त्योहार चल पड़ा। आज भी दशहरे के दिन गाँव के लोग गाँव की हद को पार करके एक मैदान में जाते हैं। वहाँ वे शमी के पेड़ के पत्ते लूटते हैं। यह राजा रघु के बरसाए हुए रुपए लूटने की एक यादगार है।

समय बीतने पर राजा रघु के ही कुल में श्रीरामचन्द्रजी का जन्म हुआ। श्रीरामचन्द्रजी ने भी दशहरे के दिन ही रावण पर विजय पाई थी। इसलिए राम की विजय का सम्बन्ध भी दशहरे के साथ जुड़ गया। आजकल भी दशहरे के दिन साँझ को रावण, मेघनाद, कुम्भकर्ण के पुतले जलाए जाते हैं। वह राम की विजय की ही यादगार है।

दशहरे के दिन चौमासा लगभग खत्म हो जाता है। बरसात के कारण जो-जो काम रुके रहते हैं, वे दशहरे के दिन फिर से शुरू किए जाते हैं। पुराने समय में राजा लोग शत्रुओं को जीतने के लिए निकल पड़ते थे। व्यापारी लोग भी बैलगाड़ियाँ भरकर व्यापार के लिए निकल पड़ते थे। इनकी याद में आज भी सारे भारत में दशहरे के दिन बहादुरी के करतब दिखाए जाते हैं। ढाल, तलवार और भालों के खेल खेले जाते हैं।

इस तरह दशहरा सचमुच विजय का त्योहार है। अपने पुरखों की तरह आओ, हम भी दशहरा मनाएं। बाहरी दुश्मनों पर विजय पाने के साथ-साथ आओ, हम अपने दिल में बैठे हुए लोभ और अहंकार जैसे दुश्मनों पर भी विजय पाएं। शमी के पत्ते लूटने के बदले आओ, विजयदशमी के दिन हम मिलकर कदम आगे बढ़ाना सीखें।

बापू का जन्मदिवस

गाँधी-जयन्ती

कभी-कभी भगवान कुछ खास आत्माओं को इस दुनिया में भेजता है। वे आत्माएँ खास होती हैं। जिस दिन वे दुनिया में उतरती हैं वे दिन भी खास बन जाते हैं। वे आत्माएँ अमर होती हैं। उनके नाम से वे दिन अमर बन जाते हैं। ऐसा ही दिन 2 अक्तूबर का भी है। उस दिन कलियुग के अवतार गाँधीजी की आत्मा इस दुनिया में प्रकट हुई थी।

गाँधीजी की आत्मा ने प्रकट होने के लिए हिन्दुस्तान की पवित्र भूमि को चुना। हिन्दुस्तान में काठियावाड़ नाम का एक प्रदेश है। इस प्रदेश में पोरबन्दर नाम का एक छोटा-सा कस्बा है। पोरबन्दर की सुदामापुरी में ही 2 अक्तूबर, सन् 1869 के दिन गाँधीजी का जन्म हुआ था।

गाँधीजी के पिता का नाम कर्मचन्द गाँधी था। उनकी माता का नाम पुतलीबाई था। कर्मचन्द गाँधी की तीन सन्तानें पहले ही थीं, दो बेटे और एक बेटी। जब 1869 में 2 अक्तूबर के दिन उनके घर तीसरे पुत्र का जन्म हुआ, तो वे बड़े खुश हुए। यह नन्हें गाँधी का पहला जन्म दिन था। पाँच जनों के छोटे-से परिवार ने इस जन्म-दिन को

मनाया था। उन्हें क्या पता था कि आगे चलकर इसी दिन को भारत की एक अरब जनता भी मनाया करेगी। माता-पिता ने नन्हें गाँधी के जन्म पर वैसे ही खुशी मनाई जैसी कि सब बालकों के जन्म पर मनाई जाती है। उन्होंने नन्हें गाँधी का नाम मोहनदास गाँधी रखा।

यह नन्हा गाँधी ही आगे चलकर बापू गाँधी के नाम से मशहूर हुआ। बापू ने पहले अपनी कमज़ोरियों से मोर्चा लिया। उसके बाद बापू ने दूसरों की कमज़ोरियों को दूर करने का यत्न किया।

बापू का कहना था–मैं मानुस की सेवा में ही भगवान के दर्शन पाता हूँ। मैं जानता हूँ कि भगवान स्वर्ग में नहीं, भगवान पाताल में नहीं, वरन् भगवान तो सबकी आत्मा में समाया हुआ है।

बापू ने कलियुग में ही सतयुग की नींव डाली। उन्होंने लड़ाई और हथियारों पर से हमारा विश्वास हटाकर शान्ति और सच्चाई पर हमारा विश्वास बिठाया। उनका विश्वास था कि कठोर से कठोर मानुस के दिल को सत्याग्रह से बदला जा सकता है। गाँधीजी ने सच्चाई के बल से अंग्रेज़ों का दिल बदल कर दिखा दिया।

अब वे अमीरों और ज़मींदारों का दिल बदल रहे थे। वे किसानों और मज़दूरों को दुनिया में सिर ऊँचा करके चलना

सिखा रहे थे। गोली से मारे जाने के एक दिन पहले बापू ने घोषणा की थी :

'देश का राजा किसान है।'

इसके बाद बापू हमारी आँखों से ओझल हो गए। 2 अक्तूबर, सन् 1869 को जो विशेष आत्मा इस धरती पर उतरी थी, वह अपना काम पूरा करके स्वर्ग को वापस चली गई। उनके नाम से यह दिन सदा के लिए अमर हो गया।

अब हर साल 2 अक्तूबर के दिन गाँधी जयन्ती मनाई जाती है। गाँव-गाँव और नगर-नगर में प्रभात फेरियाँ निकलती हैं। गली-गली और मुहल्ले-मुहल्ले में यह आवाज़ गूँज उठती है :

'रघुपति राघव राजा राम,
पतित पावन सीताराम!'

दिल्ली में यमुना के किनारे राजघाट पर बापू की यादगार बनी हुई है। राजघाट पर जाकर लोग बापू को याद करते हैं। लोग प्रार्थना करते हैं कि :

'सबको सन्मति दे भगवान!'

चाहे हम बापू जैसे महान नहीं बन सकते, फिर भी भगवान हमें ऐसी अक्ल दे कि हम सच्चे मानुस ज़रूर बनकर दिखा दें।

दीवाली

जिस दिन रात से अंधेरा निकल जाए, जब सिर से कर्ज़ा उतर जाए, जब दिल के पाप धुल जाएं, जब बस्ती से गन्दगी और कंगाली निकल जाए और घर में लक्ष्मी का प्रवेश हो, भला उस दिन से बढ़कर और कौन-सा दिन भाग्यवान हो सकता है! दीवाली एक ऐसा ही त्योहार है।

जिस तरह बरस-भर की चाँदनी रातों में कार्तिक की पूनो की रात सबसे अधिक उजली होती है, उसी तरह बरस-भर की अंधियारी रातों में कार्तिक की अमावस की रात सबसे अधिक काली होती है। लेकिन कार्तिक की अमावस अमावस नहीं रह जाती। वह दीयों की जगमग से पूनो की रात को मात कर देती है। इस अमावस ने एक ऐसा पुण्य किया है, जिसके बदले यह सब रातों की रानी बन गई है। इसी रात को दीवाली मनाई जाती है।

इस दिन श्रीरामचन्द्र जी लंका को जीतकर घर वापस आए थे। राम की जुदाई में पूरे चौदह वर्षों तक उनकी नगरी सूनी पड़ी रही थी। आज की रात को राम के लौट आने पर अयोध्या नगरी फिर से जगमगा उठी थी। घर-घर में बधाई

बंटी थी। अटारी-अटारी पर दीये जले थे और गाँव-गाँव में मिठाइयाँ उपहार में दी गई थीं। लोगों की ख़ुशी की कोई सीमा न थी। मानो सूखे धानों में पानी आ गया हो।

लोगों में दीवाली की इतनी उमंग होती है कि कई दिन पहले से ही लोग इसकी बाट जोहने लगते हैं। गरीब से गरीब हिन्दुस्तानी भी अपने घर का कोना-कोना साफ कर लेता है। दीवारों पर सफेदी करवा लेता है। बाहर-भीतर लीपकर सुन्दर बना लेता है। घर का सारा सामान झाड़-पोंछ लेता है। हर एक यही कोशिश करता है कि उसी का घर सबसे सुन्दर हो। दीवाली के दिन उसी के घर में सबसे अधिक रोशनी हो। रात-भर रोशनी रखना और जागते रहना सबसे अच्छा माना जाता है। कहावत है कि लक्ष्मी उसी के घर आएगी, जिसके घर रोशनी अधिक होगी और जो जागता रहेगा।

दीवाली से पहले बरसात के दिनों में बाहर-भीतर कीचड़ ही कीचड़ हो जाती है। बहुत बचाव करने पर भी नीची जगहों में मेह का पानी खड़ा हो जाता है। ऊपर-नीचे, आगे-पीछे गीलापान ही गीलापन हो जाता है। दलदल सड़ने लगती है। हवा बिगड़ने लगती है। मक्खियों और मच्छरों से लोग तंग आ जाते हैं। ऐसे समय में दीवाली आती है। बस्ती से गन्दगी को दूर भगाती है। कोने-कोने से कंगाली

को निकालती है। वह घर-घर को इस लायक बनाती है कि उसमें लक्ष्मी प्रवेश कर सके। दीवाली के दिन लक्ष्मी का प्रवेश होता है। कैसे?

किसान के घर में अनाज के सुनहले दाने बनकर प्रवेश करती है। सावनी की फसल कट चुकी होती है। धान के कुठार भर जाते हैं। बाजरा खलिहान से आ रहा होता है। उड़द और मूंग पहले ही मटकों में भर दिए जाते हैं। आँगन में कपास और तिल के ढेर लग जाते हैं। खेतों से चलकर लक्ष्मी किसान के घर पहुँच जाती है। किसान दीये जलाकर उसकी अगुआई करता है। उसके प्रसाद के रूप में वह नए अनाज की खीलें बाँटता है।

व्यापारी लोग नए सिरे से अपना बही-खाता आरम्भ करते हैं। नए से नए माल से अपनी दुकान को भरपूर सजाते हैं। बाज़ार से नए कपड़े लाते हैं। कुम्हार नए खिलौने बनाते हैं। हलवाई बढ़-चढ़कर मिठाइयाँ और पकवान बनाते हैं। नए बैल मोल लिए जाते हैं। नई गाड़ियाँ बनवाई जाती हैं। नए घोड़े मँगवाए जाते हैं। नए गहने बनवाए जाते हैं। नई से नई चीज़ों की माँग दीवाली के दिन होती है।

साँझ होते ही तेल-बत्ती डालकर जगह-जगह दीये जला दिए जाते हैं। हवन किए जाते हैं। मिठाई की महक से घर-आँगन भर जाते हैं।

लक्ष्मीदेवी घर-घर में झाँकती है। घर-घर में प्रवेश करती है। वह केवल उस घर में नहीं जाती, जिसमें उसे दाँव पर लगाया जा रहा हो। वह उस घर के द्वार से विदा हो जाती है। कार्तिक की जिस जगमगाती रात को सारी दुनिया दीवाली मनाती है, उसी रात को किन्हीं अभागों के घर का दीवाला निकल रहा होता है।

जनतंत्र का त्योहार

गणतंत्र-दिवस

प्रतिवर्ष 26 जनवरी को वैसे तो सारे भारत में गणतंत्र-दिवस मनाया जाता है, किन्तु दिल्ली में, जोकि भारत की राजधानी है, विशेष सजधज के साथ यह राष्ट्रीय उत्सव मनाया जाता है। उस दिन सवेरे हमारे राष्ट्रपति जी की सवारी निकलती है। जल, थल और नभ सेनाओं की टुकड़ियाँ और स्कूल के बच्चे उन्हें सलामी देते हैं। ये फौजी टुकड़ियाँ मार्च करती हुई लालकिले तक जाती हैं। इनके साथ बख्तरबन्द गाड़ियाँ, छोटी-छोटी तोपें, टैंक और दूसरा फौजी सामान भी होता है। भिन्न-भिन्न प्रदेशों की सरकारों द्वारा जो झाँकियाँ प्रस्तुत की जाती हैं, उनकी शोभा तो निराली ही होती है। भारत

के सारे प्रदेशों के वासी कैसा पहनते-ओढ़ते हैं, नाचते-गाते हैं, उनका सामाजिक जीवन कैसा है—यह बस कुछ झाँकियों में दिखाया जाता है।

राजपथ से लेकर लालकिले तक सड़कों के दोनों ओर परेड और झाँकियाँ देखने के लिए लाखों की संख्या में लोग खड़े होते हैं।

देश 15 अगस्त, 1947 को स्वाधीन हुआ था, किन्तु 26 जनवरी का महत्त्व भी कम नहीं है। 26 जनवरी, 1950 को भारत में हमारा अपना बनाया कानून लागू हुआ था। तब से भारत सर्वशक्तिसम्पन्न लोकतंत्र गणराज्य बना।

पर नया संविधान लागू करने के लिए यही दिन खासतौर पर क्यों चुना गया इसकी भी एक कहानी है।

26 जनवरी, 1950 से 20 वर्ष पहले लाहौर कांग्रेस ने हमारे स्वर्गीय प्रधानमंत्री पं. जवाहरलाल नेहरूजी के सभापतित्व में एक प्रस्ताव पास किया था कि हम पूर्ण स्वराज्य लेकर रहेंगे। इसके बाद प्रतिवर्ष 26 जनवरी को सारा राष्ट्र अपने उस संकल्प को दोहराता रहा। इसलिए भारत को गणतंत्र राज्य घोषित करने के लिए यह दिन चुना गया।

यह दिन हमारे लिए दो सन्देश देता है : स्वाधीनता की रक्षा का और प्रजातंत्र की रक्षा का। भगवान करे, हम दोनों की रक्षा में समर्थ बने।

वसंत-पंचमी

कहते हैं कि पहले-पहल वसन्त के दिनों में ही धरती पर मनुष्य का जन्म हुआ था। भगवान चाहता था कि धरती स्वर्ग से भी सुन्दर हो। मनुष्य उसे स्वर्ग से भी अधिक प्यार करे।

भगवान ने अपनी सारी सुन्दरता धरती पर बिखेर दी। इससे भी उसका जी न भरा। उसने फूलों के देवता वसन्त को और सुन्दरता के देवता कामदेव को धरती पर भेजा। हरे पत्ते निकल आए, जमा हुआ रस बेल-बूटों में फिर से दौड़ने लगा। जाड़ों में उजड़ी दुनिया फिर आबाद होने लगी।

इससे भी भगवान का जी न भरा। वह धरती को स्वर्ग से भी सुन्दर बनाना चाहता था। इसलिए भगवान खुद फूलों में फूल बनकर मुस्कराया। वह खुद डालियों पर कोंपल बनकर लहलहाया। वह खुद खेतों में सरसों बनकर लहराया।

अब भगवान को पूरा सन्तोष हुआ। अब धरती स्वर्ग से भी सुन्दर बन चुकी थी। अब मनुष्य का धरती पर अवतार हुआ। वह मनुष्य के अवतार का सुनहला दिन था। वही पहला वसन्त था।

तब से लेकर हर साल वसन्त धरती पर आता है। हर जाड़े में पुराने पत्ते झड़ जाते हैं। वसन्त आकर फिर से पेड़ों

पर नए अंकुर उगा देता है। हर जाड़े में पुरानापन उजड़ जाता है। वसन्त आकर फिर से नई दुनिया आबाद कर देता है। पूरे दो महीने तक वसन्त की बहार रहती है—चैत और बैसाख।

लेकिन वसन्त का असली आरम्भ तो माघ की किसी चाँदनी रात को पहले ही हो जाता है। जब चाँदनी का चाँद नीले आकाश में मुस्करा रहा होता है, तभी वसन्त चुपचाप धरती पर उतर आता है। वह गाँव-गाँव में घूमता है। वह घर-घर में पहुँचता है। सुबह होती है। लोग मुस्कराते होंठों से वसन्त-पंचमी की अगवानी करते हैं।

वसन्त-पंचमी के दिन पहली बार पेड़ों का जमा रस फिर से दौरा करने लगता है। जाड़ों के बाद इस दिन पहली बार हमारी नसों में नया खून दौड़ने लगता है। उस दिन पहली बार मधुमक्खी अपने छत्ते में से निकलकर फूलों में से रस पीने को जाती है। उस दिन पहली बार दिन बढ़ने लगता है और रातें घटने लगती हैं। इस तरह जब दुनिया में नया जीवन पैदा होने लगता है तो मनुष्य ही उदास क्यों बैठा रहे? वह भी वसन्त क्यों न मनाए? वह भी वसन्त के दिन एक नया कदम क्यों न बढ़ाए?

खेती के काम-काज से किसान निबट चुके हैं। बाहर सरदी है न गरमी। जाड़ों में सिकुड़े-लिपटे रहकर जी ऊब चुका है। अब खुलकर अंगड़ाइयाँ लेने को जी चाहता है। मन गुदगुदाते लगता है। कुछ हँसने-मुस्कराने को जी करता

है। गाँव का किसान सबसे आगे बढ़कर वसन्त को गले लगाता है।

घर-घर में वसन्ती पगड़ियाँ रंगी जाने लगती हैं। घर-घर में वसन्ती हलवे की खुशबू महकने लगती है। घर-घर में बड़े बालक वसन्ती पतंगें उड़ा-उड़ाकर आकाश में हलचल पैदा कर देते हैं।

गाँव में नौजवान मन्दिरों में जाकर उस सुन्दर भगवान की पूजा करते हैं, जिसने इतना सुन्दर वसन्त बनाया है। देहातों की युवतियाँ पूजा का सामान लेकर सुन्दरता के देवता कामदेव की आरती उतारती हैं। छोटे-बड़े, बच्चे-बूढ़े सब मिलकर खेतों और अमराइयों में बहार को देखने जाते हैं। मेला भरता है। जिसे देखो वही खुश है। जिसे देखो वही मुस्करा रहा है।

ऐसा लगता है कि आज धरती पर कोई भी उदास नहीं। आज सचमुच धरती स्वर्ग बन गई है, आज सचमुच धरती के युवक-युवतियाँ स्वर्ग के देवी-देवता बन गए हैं। भगवान करे, वसन्त हमारे दिलों में बारहों मास बसा रहे!

उमंगों का त्योहार

होली

फागुन उमंगों का त्योहार है। जिधर देखो उधर बहार ही बहार दिखाई देती है। लहलहाते खेतों को देखकर किसान

की उम्मीदें खिल उठती हैं। गेहूँ की बालें निकल आई हैं, जौ पकने को तैयार खड़े हैं। चनों में दाने पड़ चुके हैं। सरसों और अलसी में कुछ ही देर है। सब फसलें एकसाथ काटने को तैयार खड़ी हैं। किसी का घर अनाज के दानों से भर जाएगा। कुठारों के भाग जागेंगे। पशुओं के लिए नया चारा निकलेगा। इन्हीं उम्मीदों पर, लहलहाते खेतों को देखकर किसान का दिल खुशी से नाच उठता है।

नाचे भी क्यों ना? असाढ़ी की फसल ही तो उसका असली सहारा है। उसने असाढ़ से लेकर बरसात-भर खेतों में कड़ी जुताई की। बीज बोए, पानी दिया और पाल-पोसकर बड़ा किया। आज वे खेत सोना उगल रहे हैं। किसान की कड़ी मेहनत फल ला रही है। भला अब वह खुश क्यों न हो? नाचे क्यों न?

किसान एक नज़र अपने लहलहाते खेतों की ओर डालता है और दूसरी दूर अपनी माटी की कुटिया पर। गुदगुदाये हृदय से वह पहली बार गेहूँ की कुछ बालें और चनों की कुछ टहनियाँ तोड़ता है। असाढ़ का यह पहला उपहार झोली में ले जाते हुए वह इतना खुश है कि मानो आकाश से तारे तोड़ लाया है और उनसे अपने बाल-बच्चे और पड़ोसियों की झोलियाँ भरने जा रहा है।

किसान अपने आँगन में अलाव जलाता है। अलाव में गेहूँ और चने की टहनियाँ साबुत ही डाल देता है। गाँव-भर को होला खाने का न्योता देता है। वह अमीरों को बुलाता

है। आज इसका कोई दुश्मन नहीं है। साल-भर में किसी के साथ कुछ मनमुटाव हो भी गया तो आज होला के अधभुने दानों में उसे भुला देना चाहता है। आज वह सारे गाँव से गले मिलकर होली खेलना चाहता है। इसी तरह घर-घर में और गाँव में होला खिलाए जाते है और होली मनाई जाती है।

होली के दिन सब काम बन्द रहते हैं। लोग मंडलियाँ बनाकर घरों से बाहर निकल पड़ते हैं। बाहर उन्हें खेत-खेत में, पेड़-पेड़ पर फागुन खिलखिलाता हुआ नज़र आता है। पात-पात पर फागुन नाचता हुआ दीख पड़ता है।

सब टेसू के फूलों का रंग बनाकर हाथों में रख लेते हैं। युवक युवकों के माथे पर तिलक लगाते हैं, युवतियाँ युवतियों की माँग में रंग भरती हैं। बालक पिचकारियों में रंग भरकर आपस में फाग खेलते हैं। थोड़ी देर के लिए बूढ़े भी जवान बन जाते हैं। जवान भी बालक बन जाते हैं। और फाग की खुशी में सब मिलकर एक हो जाते हैं। चारों तरफ खुशी और खुशबू छा जाती है। गाँव की लड़कियाँ एक-दूसरे के गले में बांहें डालकर फाग गाने लगती हैं :

''मन बैठो बसन्त निहारो रे! उठ होली खेलो बनजारो रे!!

जवान दंगल खेलने लगते हैं। पहलवान अखाड़े में कूद पड़ते हैं। नट और गवैये नाटक खेलने और रास रचाने लगते हैं। जो जैसे चाहता है वैसे ही अपने मन की खुशी प्रकट करता है। इस तरह हँसते-खेलते, मिलते-मिलाते हुए, होला

खाए जाते हैं। नाचते गाते हुए होली खेली जाती है। कहते हैं, ऐसी होली कृष्ण कन्हैया ने भी खेली थी।

लेकिन इधर कुछ गंवारों ने होली का हुल्लड़ बना दिया। शराब की बोतलें पीकर नशे में अन्धे हो गए। एक ने दूसरे पर कीचड़ डाला। दूसरे ने तीसरे के गले में जूतों का हार डाला। चौथे ने राह जाते भलेमानस के मुँह पर कालिख पोत दी। एक ने गाली दी। दूसरे ने लाठी चलाई। सिर फट गए। लहू बह निकले। दोस्त दुश्मन बन गए।

उधर किसान लोग प्रेम की होली खेल रहे हैं। इधर गंवार लोगों में खून की होली खेजी जा रही है। उधर परायों को भी गले लगाया जा रहा है। इधर अपनों को भी दुश्मन बनाया जा रहा है। उधर मीठे स्वर में फाग के गीत गाए जा रहे हैं। इधर एक-दूसरे पर गालियाँ बरसाई जा रही हैं। उधर श्रीकृष्ण और राम की सवारियाँ निकाली जा रही हैं। इधर एक आदमी का मुँह काला करके गधे पर उसका जुलूस निकाला जा रहा है। कहते हैं, ऐसी होली प्रह्लाद के पिता हिरण्यकश्यप ने खेली थी।

राम-जन्म का त्योहार

रामनवमी

दुनिया में अनगिनत प्राणी आते हैं। हज़ारों राजा जन्म लेते हैं। अरबों मानव पैदा होते हैं। वे कुछ दिन जीते हैं, कुछ

दिन हँसते-खेलते हैं। फिर कुछ दिन बाद इस संसार में वापस चले जाते हैं। यह संसार उन सबके जन्म-दिन नहीं मनाता है और न कभी उन्हें याद करता है।

लेकिन धरती पर कुछ मानव ऐसे भी आते हैं जिन्हें लाखों बरसों तक दुनिया भुला नहीं पाती। ऐसे मानव लाखों में कुछेक होते हैं। दुनिया उन्हें याद करती है। आदर से उनका नाम लेती है। हर बरस उनके जन्म-दिन मनाती है। ऐसे मानव मानव नहीं होते। सचमुच अवतार बनकर आते हैं।

इन्हीं अवतारों में से एक श्रीराम हैं।

लाखों बरस पहले की बात है। लेकिन लगता है कि कल की बात है। चैत का महीना था। चाँदनी रात थी। नवमी का चाँद आकाश में मुस्करा रहा था। तभी अयोध्या के राजा दशरथ के घर राम का जन्म हुआ। उस नवमी को राम का जन्म हुआ, इसलिए अयोध्या वालों ने रामनवमी मनाई। घर-घर में जनता ने खुशियाँ मनाईं, नगर-नगर में लोगों ने उत्सव मनाया और गाँव-गाँव में किसानों ने त्योहार मनाया।

तब से लेकर आज तक हर बरस खुशियाँ मनाई जाती हैं। हर बरस त्योहार मनाया जाता है और हर बरस रामनवमी मनाई जाती है।

रामनवमी के दिन नगरों और गाँवों में राम के स्वांग बनाए जाते हैं। बाज़ार में एक जुलूस निकाला जाता है। जुलूस के आगे-आगे बाजा, बाजे के पीछे झंडे। झंडों के

पीछे गाने वाले। गाने वालों के पीछे बैलगाड़ियाँ और बैल-गाड़ियों पर राम के जीवन की झाकियाँ होती हैं। कहीं राम और सीता। कही राम और शबरी। कहीं राम और परशुराम। बहीं राम और हनुमान और कहीं राम और रावण दिखाए जाते हैं। लोग दिन में रामनवमी का व्रत या उपवास रखते हैं। रात को जाग-जागकर राम की कथा सुनते हैं।

राम का जन्म त्रेतायुग में हुआ था। राजा दशरथ को बेटा मिला था। रानी कौशल्या की सूनी गोद हरी-भरी हो गई थी। अयोध्यावालों को इन्द्र से भी बलवान राजा मिला। शबरी को भगवान से भी बड़े राम के दर्शन हुए थे। राक्षस मारे गए थे। पापों का नाश हुआ और भारत में रामराज्य कायम हुआ था।

रामनमी का त्योहार मनाने से वास्तविक लाभ तो तभी होगा जब हम भगवान राम की तरह आदर्श पुत्र, आदर्श भाई, आदर्श पति और फिर आदर्श प्रजासेवक बनें। तभी सच्चा रामराज्य होगा।

❑ ❑ ❑